AF312519

CONGRÈS DE LA PROPRIÉTÉ BATIE DE FRANCE

LYON 1894

SECTION III

LA
SUPPRESSION DES OCTROIS

ET LA

VILLE DE PARIS

RAPPORT

PAR

M. Léopold MOURGUES

Ancien notaire,

Directeur de la Chambre syndicale des Propriétés immobilières
de la Ville de Paris

LYON

IMPRIMERIE DU SALUT PUBLIC

71, Rue Molière, 71

—

1894

LA SUPPRESSION DES OCTROIS

ET LA

VILLE DE PARIS

La question de la suppression des octrois, qui a déjà donné lieu à tant de controverses, est en ce moment à l'ordre du jour ; mais quand il s'agit de trouver les taxes de remplacement, les opinions se divisent et l'opération apparaît très compliquée.

Voilà pourquoi la Chambre des députés a adopté le 4 mai 1893 la proposition de loi relative à la suppression facultative des octrois, après en avoir éliminé l'énumération détaillée des taxes de remplacement.

Cette proposition de loi, dont le Sénat se trouve actuellement saisi, est ainsi conçue :

ARTICLE PREMIER

« Les communes auront le droit de remplacer leurs octrois en tout « ou en partie, sous réserve de l'approbation législative, par des taxes « directes.

« Ces taxes ne devront être prélevées que sur des propriétés ou « objets situés sur la commune, ou des revenus en provenant.

« Elles devront s'appliquer à toutes les propriétés, objets ou revenus « de la même nature.

« Elles devront être assises sur des propriétés ou objets tangibles, « ou sur des signes apparents de richesse.

« Elles devront être proportionnelles.

Art. 2.

« Les taxes diverses prévues par la présente loi seront assises et
« perçues et les réclamations jugées comme en matière de contributions
« directes.

Art. 3.

« A partir de la promulgation de la présente loi, il ne pourra être
« établi d'octroi dans aucune commune.

« Les taxes ne pourront être augmentées dans les communes où
« existent actuellement des octrois. »

Disons d'abord que nous ne sommes pas adversaire systématique de
la suppression des octrois. Nous reconnaissons que les économies suscep-
tibles d'être réalisées à Paris, pour arriver à la suppression pure et
simple, ne peuvent atteindre le chiffre de 150 millions qui constitue la
moitié du budget municipal et représente la moitié du produit des
octrois de la France entière. Nous devons donc songer à des taxes de
remplacement et, comme l'impôt, sous quelle forme qu'on le perçoive,
sera toujours une charge désagréable, nous demandons qu'il nous soit
indiqué des taxes de remplacement plus équitables.

L'institution des octrois est consacrée par le temps et c'est peut-être
son principal défaut auprès des théoriciens avides de réformes. La loi
inévitable de répercussion a pu produire tous ses effets et en corriger
les vices plus apparents que réels. Il serait donc imprudent de procéder
à leur suppression avant d'avoir réfléchi aux conséquences d'une réforme
si importante.

Les octrois furent, il est vrai, supprimés en 1791; encore ne faut-
il pas oublier que cette suppression était plutôt dirigée contre les droits
d'entrée perçus au profit du trésor que contre les octrois. Ceux-ci
n'étaient à cette époque qu'un accessoire. L'abolition des taxes perçues
aux barrières devait attirer dans les villes plus de mouvement et de
trafic et ce fut le contraire qui arriva. La ville fut criblée de dettes ;
elle ne put ni faire enlever ses boues, ni entretenir ses pavés, ni
payer ses balayeurs et les hôpitaux furent privés des ressources provenant des octrois. Aussi, quelques années plus tard proposait-on leur
rétablissement sous le nom d'octrois municipaux et de bienfaisance.

En 1812, le Directeur général des contributions indirectes appréciait
en ces termes les bienfaits du rétablissement des octrois :

« Les octrois ont atteint, en moins de dix années, le but de bienfai-
« sance et d'utilité publique qu'ils devaient atteindre. Lorsque Sa
« Majesté prit les rênes du gouvernement, en l'an VIII, les hôpitaux
« étaient sans dotation et sans revenus. Dans plusieurs villes on fut
« obligé de les évacuer et d'exposer même les malades sur les places

« publiques à la charité des citoyens ; il n'y avait ni culte, ni églises ;
« les écoles manquaient de tout ; les halles, les hôtels de ville, les
« fontaines, les quais, les ports, privés d'entretien et de réparation
« depuis douze années, offraient dans presque toutes les communes des
« ruines déplorables. Le mouvement qui avait précipité la chute des
« établissements municipaux avait également entraîné celle de toutes
« les choses communales. Tout était donc à refaire ou au moins à
« réparer dans les municipalités et pour cela il fallait créer des res-
« sources. L'arrêté des consuls du 13 thermidor an VIII y pourvut, en
« autorisant le ministre de l'intérieur à donner une sanction provisoire
« aux tarifs d'octrois proposés par les communes ; l'article 7 d'un
« autre arrêté du 4 thermidor an X permit aux communes de pourvoir
« à leurs dépenses par des octrois sur les consommations perçus par
« abonnement, par exercice ou à l'entrée. Ces divers modes leur furent
« présentés avec des formes telles qu'ils acquirent bientôt une grande
« faveur dans les municipalités, et, à la fin de l'exercice 1810, il y avait
« 5,857 octrois qui avaient produit, en cette année 1810, 64,625,000 fr.
« brut et 53,471,000 fr. en produit net. Depuis le régime réparateur de
« Sa Majesté, les octrois ont rapporté aux villes et communes, y compris
« l'exercice 1811, 514,326,000 fr., avec lesquels on a réparé toutes
« les ruines et rétabli les hôpitaux. Aujourd'hui, les villes sont beau-
« coup plus riches qu'elles ne l'étaient jadis, mais leurs besoins et
« leurs dépenses ont beaucoup augmenté, et une grande partie de leurs
« octrois est employée à des objets autrefois réputés nationaux ».

En 1848, la suppression des droits sur la viande aboutit, quatre mois
après, à leur rétablissement.

« Des documents certains, dit l'exposé des motifs de la loi du
« 30 août 1848, prouvent de la manière la plus évidente que la sup-
« pression, comme la réduction des taxes locales, n'ont profité qu'au
« commerce des bestiaux et à celui de la boucherie. D'un autre côté,
« loin d'être favorable aux intérêts de la classe ouvrière, la suppression
« des droits a eu pour effet de faire ajourner à son préjudice l'exécu-
« tion de nombreux travaux prévus au budget de 1848, et de priver la
« ville, sans compensation aucune, d'une ressource annuelle de plus
« de six millions. La ville demande, et à cet égard le vote de la Com-
« mission municipale a été unanime, que les droits d'octroi sur les
« viandes de boucherie et de porc soient rétablis ».

ARGUMENTS EN FAVEUR DE LA SUPPRESSION
DES OCTROIS

On dit que l'octroi est arrivé à représenter la part prépondérante dans les budgets des communes qui l'ont adopté et que ces communes ont été imprévoyantes.

Nous ne sommes pas de cet avis ; les 1.500 communes à octroi sont relativement très peuplées et elles comprennent les plus grandes villes de France. La moyenne de leur population est de 7.000 à 8.000 habitants et il faut peut-être une certaine hardiesse pour supposer que leur population est plus imprévoyante que celle des 35.000 communes rurales, dont la population moyenne n'est que de 700 habitants qui seraient plus intelligents et connaîtraient mieux les affaires administratives et économiques.

* * *

On ajoute que les octrois occasionnent des frais de perception considérables.

Les frais de perception de l'octroi ne sont à Paris que de 6 0/0 environ et, si l'on tient compte de la perception des droits d'entrée qui est faite en même temps moyennant 0,70 0/0, on peut même dire que les droits de consommation perçus à l'entrée de Paris ne sont que de 4 0/0. C'est une des perceptions fiscales les moins onéreuses.

Il est évident que les octrois n'ont de raison d'être que dans les communes populeuses où la perception en est facile et économique. Quand on les crée dans des communes qui ne réunissent pas ces conditions, c'est à la fois la faute du Conseil municipal qui les vote et de l'autorité supérieure qui approuve sa décision, mais ce n'est pas la faute de l'institution. Les communes qui sont dans ce cas peuvent d'ailleurs renoncer à leur octroi. Il n'est pas besoin de loi pour cela.

* * *

On ajoute également que les octrois empêchent l'extension des villes, parce que les municipalités mettent un obstacle aux communications faciles avec la banlieue pour retenir les habitants. Nous aimerions mieux qu'on nous dise que les villes de la banlieue de Paris sont prêtes à supprimer leurs octrois pour attirer les Parisiens et supprimer toutes les barrières intérieures qui ne sont pas sans inconvénient pour la circulation. Mais il n'en est pas ainsi : La plupart des villes environnant Paris possèdent un octroi et en ont besoin pour équilibrer leur budget. Elles savent du reste que leurs droits d'octroi sont moins élevés que ceux de Paris et que les consommateurs paient tout plus cher. Il y a même aux environs de Paris de petites communes qui n'ont pas d'octroi où tout coûte plus cher qu'à Paris. La conclusion facile à tirer de ces faits est que les octrois ne sont pas la cause de tous les maux.

Cela dit, nous passons à l'examen des principaux griefs formulés contre les octrois :

IMPROPORTIONNALITÉ

Les droits d'octroi, d'après les partisans de la suppression, constituent un impôt progressif à rebours, c'est-à-dire frappent plutôt le pauvre que le riche, en grevant les choses les plus nécessaires à l'existence, boissons, comestibles, combustibles, fourrages, matériaux, etc.

Nous ne croyons pas qu'il puisse être question d'établir seulement des impôts somptuaires. L'expérience a démontré qu'ils étaient improductifs. Mais il n'en est pas de même des impôts qui frappent les choses nécessaires. Supportés par tous ils sont moins lourds et ils sont productifs par cela même qu'ils frappent l'indispensable. Il n'est pas permis pour cela d'affirmer que l'octroi pèse plus sur les choses nécessaires à la vie que sur celles qui sont superflues. C'est une simple question de tarif. Il ne faut pas non plus confondre avec les taxes d'octroi :

1° Les droits d'entrée perçus par le Trésor sur les boissons;

2° Les achats de comestibles nécessaires à la conservation de la vie humaine avec ceux qui ne sont pas indispensables.

Les droits d'octroi perçus à Paris sont en chiffres ronds de 150 millions. Quels sont les droits supportés par la classe aisée et les droits supportés par la classe laborieuse ? Les fourrages, les matériaux de construction et bois à ouvrer ne sont pas à la charge de la classe peu aisée. Les liquides autres que les boissons, portés sous la rubrique : autres liquides, dont la moitié au moins est employée à la peinture et autres usages non comestibles, ne grèvent la population ouvrière que pour une faible partie.

On dit bien que le propriétaire répercute sur le loyer l'octroi des matériaux de construction qui fait partie du prix de revient de la maison. Cela est vrai, mais cette taxe est étrangère aux objets de consommation à l'usage des ouvriers et il faut bien en faire la diminution du produit de l'octroi pour apprécier sa participation directe à l'impôt.

Les droits sur les combustibles sont surtout acquittés par la classe aisée, car le petit logement de l'ouvrier n'exige pour son chauffage que l'entretien d'un fourneau appelé cuisinière qui fait en même temps cuire ses aliments. Le bois, chauffage de luxe, est d'ailleurs surtaxé et l'industrie, à elle seule, paie la moitié des droits sur les combustibles.

Les comestibles généralement à l'usage de la classe malaisée ne sont grevés d'aucun droit. Le pain, la farine, les fruits à l'exception du raisin, les poissons communs (plus des 4/5 de la consommation) les fromages à pâte tendre ne paient rien, tandis que le gibier, les truffes, pâtés et terrines truffées etc... acquittent des droits très élevés.

La viande de boucherie paie 0.10 c. par kilogramme environ; mais le gaspillage et la consommation de la viande sont beaucoup plus grands dans les maisons riches que chez les autres, et dans une ville comme Paris, où les morceaux de choix sont toujours très recherchés et payés très cher, nous croyons pouvoir dire que le droit d'octroi est acquitté par la classe aisée et non par l'ouvrier économe qui peut acheter à un prix modéré les morceaux ordinaires.

Il ne saurait être question de dégrever l'alcool dont le droit est de 0.80 c. par litre.

Avec un litre d'alcool pur on fait 3 litres d'eau-de-vie au degré ordinaire de consommation. Les petits verres contiennent 2 centilitres et chaque litre d'alcool pur peut produire 150 petits verres d'eau-de-vie qui seraient dégrevés de 0.80 c. Chaque petit verre serait donc dégrevé de un demi centime dont le consommateur au détail ne bénéficierait pas et qui profiterait seulement au débitant.

Le cidre paie des droits trop élevés et nous ne verrions aucun inconvénient à ce que les droits fussent réduits dans une proportion très notable, sinon entièrement supprimés. Le droit sur le cidre ne rapporte du reste que 300.000 francs environ.

Les droits trop élevés empêchent la petite bière d'entrer à Paris, et une réduction de ces droits serait désirable.

Il n'en est pas de même de la bière forte, qu'on peut en quelque sorte considérer comme boisson de luxe à Paris, où l'on en consomme beaucoup sans avoir soif, et l'on conçoit difficilement que le prix du bock puisse se ressentir d'un dégrèvement, bien que le droit soit exagéré.

Les octrois sont du reste des perceptions locales qu'il faut approprier aux usages et aux mœurs de chaque contrée. La bière, boisson de luxe à Paris, y supporte facilement un droit, tandis que dans le nord, où la consommation comme boisson en est générale, les droits doivent être nuls ou à peu près.

Cela nous amène à traiter la question délicate, celle du vin, que nous trouvons trop imposé et qui, à lui seul, rapporte plus de 50 millions à l'octroi de Paris. Le vin, boisson de luxe dans le nord, où l'on fait payer sans hésiter une bouteille de vin 2 et 3 francs, peut facilement y supporter un droit élevé, mais il n'en est pas de même dans le midi où la consommation en est générale ainsi qu'à Paris.

Le vin est donc la seule boisson et même le seul produit soumis à l'octroi qui suscite de justes critiques. Il paie à Paris un droit d'octroi de 0.11 c. par litre, qui est d'autant plus élevé qu'il est grevé par l'Etat d'un droit d'entrée de 8 centimes par litre. Dans plusieurs villes rédimées, les droits d'entrée sont même deux fois plus élevés que les droits d'octroi.

Nous reconnaissons que l'ouvrier paie sa part de ces droits parce qu'il boit beaucoup. Le bon vin réjouit le cœur de l'homme, mais il faut en user modérément.

Le délégué d'un groupe d'ouvriers a tenu le langage suivant devant la commission d'enquête parlementaire :

« Voici la dépense de l'ouvrier, souvent il travaille loin de chez lui,
« il se lève à quatre heures du matin et boit une goutte chez le mar-
« chand de vins ; à neuf heures il prend une chopine de vin, une
« soupe, un fromage et une tasse de café ; à midi, il prend un verre de
« vin ; à deux heures il casse une croûte et boit une chopine et le soir
« il s'en va souper. L'ouvrier boit un litre et demi de vin par jour, soit
« 550 litres par an au minimum et plus il boit plus il se fait mal. »

Mais il faut observer qu'en définitive les droits d'octroi figurent implicitement dans le salaire, car l'augmentation de consommation chez les ouvriers s'est produite successivement à l'occasion de l'augmentation des salaires. En outre, le patron, le maître de maison, souvent le chef de petite industrie et le commerçant qui nourrissent leurs ouvriers, acquittent les droits d'octroi, puisqu'ils défraient leurs employés de toutes dépenses d'alimentation.

Quoi qu'il en soit, il y a impossibilité matérielle d'établir des droits *ad valorem* sur les vins d'après leur différence de qualité, car on a reconnu que l'arôme et le bouquet des vins ne pouvaient servir à l'établissement d'une taxe d'octroi. Seul, le degré alcoolique du vin pourrait servir de base précise de règlementation, car le vin est souvent acheté au degré chez les propriétaires.

L'établissement d'une taxe au degré favoriserait les vins de France qui ne contiennent que peu d'alcool, et supprimerait en partie les vins vinés ou alcoolisés. On pourrait également mettre un droit plus élevé sur les vins de Champagne qui sont des vins de luxe. Il n'y aurait pas lieu toutefois de réduire les droits sur les vins en bouteille qui paient déjà comme si la bouteille contenait cent centilitres. Ces droits ne sont pas exagérés pour les envois de vins fins.

Nous regrettons donc qu'on n'ait pu établir des droits *ad valorem* : nous croyons cependant qu'on exagère beaucoup l'avantage dont profite la classe aisée. On dit que la consommation des vins au-dessus de la qualité la plus ordinaire est de 16 0/0. La proportion ne nous parait pas aussi forte ; mais en admettant qu'on pût imposer ces vins, dits de qualité supérieure, à un droit double, ils ne produiraient qu'une recette de 8 millions en plus.

Il serait temps, croyons-nous, de cesser de parler des avantages énormes dont les gens aisés profiteraient sur le tarif d'octroi ; ce motif nous parait insuffisant et mal fondé pour en justifier la suppression.

Il est vrai que l'impôt, quel qu'il soit, augmente le prix des denrées, mais l'impôt n'est établi que quand il est nécessaire, et il n'est pas nuisible quand il procure, même d'une manière indirecte, des avantages supérieurs aux sacrifices de ceux qui le paient. Or, les produits de l'octroi ont été et sont encore consacrés en grande partie à des travaux et à des institutions qui profitent plus immédiatement aux travailleurs. Si les propriétés en ont profité, c'est quand elles étaient à proximité immédiate des grands travaux, mais c'est le petit nombre ; si d'autres propriétés ont acquis aussi une plus-value, c'est par suite des travaux que les propriétaires y ont fait exécuter pour les mettre à l'unisson des propriétés nouvelles, mais ces travaux ils les ont payés.

Remarquons aussi que si beaucoup de choses nécessaires à la vie ont augmenté de prix, les salaires des ouvriers se sont accrus dans une plus forte proportion. Ils ont à peu près doublé depuis quarante ans, et si les ouvriers se plaignent, c'est qu'ils ont modifié leur manière de vivre, qu'ils dépensent peut-être trop en choses qui ne sont pas indispensables et que beaucoup d'entre eux ont perdu leurs habitudes d'ordre, d'économie et de prévoyance.

VEXATION. — TEMPS PERDU

Les partisans de la suppression des octrois signalent le temps perdu pour la déclaration des objets soumis aux droits et l'acquittement de ces droits. Dans beaucoup de communes, surtout dans le Midi, l'octroi est affermé et les fermiers s'arrogent des droits et commettent des vexations incroyables. En général, les produits des contraventions d'octroi sont partagés par moitié entre les communes et les employés qui constatent les contraventions ; cela assure l'exécution de la loi, ce qui est bien, mais provoque quelquefois un excès de zèle de la part des préposés. Ils citent, à cette occasion, le cas d'un marchand de volailles de Paris, qui envoie un de ses garçons porter un panier de provisions au restaurant de Madrid ; au lieu de passer par le Bois de Boulogne, ce garçon passe par Neuilly, sans penser à déclarer sa marchandise qui est sujette à l'octroi. Les employés de Neuilly verbalisent et le patron est forcé de payer, à titre de transaction, 149 fr. 95 c. d'amende pour n'avoir pas payé un droit de 1 fr. 35.

Il n'est pas douteux que l'octroi nécessite des formalités gênantes et quelquefois vexatoires, mais il en est de même de tous les impôts.

Le recouvrement des droits de douane n'oblige-t-il pas à des visites minutieuses et ne gêne-t-il pas, par surcroît, les relations internationales ?

Les contributions indirectes ne sont-elles pas plus vexatoires que l'octroi ? ne nécessitent-elles pas des visites domiciliaires fréquentes ? l'exercice à domicile ? des frais de perception plus élevés que les octrois ?

Les contributions directes elles-mêmes, recouvrables par douzièmes, n'obligent-elles pas à des démarches mensuelles pour payer l'impôt, quand le contribuable ne peut payer par anticipation ? n'obligent-elles pas à des réclamations gênantes quand les taxes ont été surchargées ou qu'on a droit à des dégrèvements légaux d'une nature quelconque ? Le remboursement, si l'on a été assez heureux pour l'obtenir, n'est même payé souvent que l'année suivante et quelquefois plus tard ! Le propriétaire n'est-il pas vexé quand il est obligé de payer l'impôt d'une maison qu'il vient de démolir ?

Tous les impôts ont donc leurs inconvénients qu'il faut savoir supporter et l'on ne doit les modifier, puisqu'ils sont indispensables, que si l'on peut les remplacer par des taxes plus faciles à percevoir et reposant uniquement sur ce principe que chaque citoyen doit payer sa part des charges publiques, proportionnellement à ses facultés et à sa fortune.

L'administration chargée du recouvrement de l'octroi doit être en garde contre la fraude qui est un vol. Elle assure ainsi non seulement le recouvrement de l'impôt dans un intérêt public, mais encore elle protège le commerce loyal contre les conséquences de la fraude qui change à son préjudice toutes les conditions de la concurrence. Cependant, quand l'administration croit qu'il n'y a pas eu tentative de fraude, elle modère l'amende. Dans le cas cité de Neuilly, il y avait certainement quelque circonstance aggravante.

Dans l'enregistrement la pénalité est encore plus grande. Quand, par oubli, on ne fait pas, dans le délai légal, enregistrer un acte, on doit l'amende et des droits en plus, s'il s'agit d'une vente de propriété ou autre. Il en est de même pour les déclarations de succession. Si un propriétaire omet de déclarer dans les trois mois à l'enregistrement la location d'un logement, ne fut-il que de 100 fr. par an, donnant lieu à la perception de 0 fr. 25, il est passible de 62 fr. 50 d'amende. L'adjudicataire d'un immeuble à la Chambre des notaires de Paris est vexé quand l'enregistrement lui demande de payer des droits pour un chiffre supérieur à celui de la vente et il ne s'exécute pas sans protester.

Mourgues.

On voit donc qu'en matière d'impôt la loi est très sévère et cela est nécessaire pour assurer la perception : sous ce rapport, l'octroi est encore le moins rigoureux.

Il y a plus. En matière de succession, l'héritier est tenu de déclarer la valeur des propriétés qui en font partie, ce qui est très délicat quand elles ne sont pas louées.

Dans ce cas il est rare que le receveur. qui touche des remises proportionnelles au montant de ses recouvrements, ne prétende pas qu'il y a eu dissimulation plus ou moins grande d'une partie de la valeur, et qu'alors il ne réclame pas le droit et le double droit sur la partie du prix prétendue dissimulée ; il renonce à sa demande si on lui démontre qu'elle n'est pas fondée ; mais fréquemment ces matières ne sont pas familières aux parties intéressées qui préfèrent transiger pour éviter un procès.

Exemple de l'exagération des droits de mutation :

Un entrepreneur achète à Paris un terrain de 400 mètres qu'il paie 1,000 fr. le mètre ce qui fait 400,000 fr. plus 40,000 fr. de frais d'acquisition ; il y fait construire une maison qui lui coûte aussi 400,000 fr.; voilà un prix de revient de 840,000 fr. Elle est en valeur deux ans après l'acquisition du terrain ; il y ajoute deux ans d'intérêt sur le terrain soit 10 °/₀ ou 44,000 fr. et un an seulement sur le coût de la maison soit 5 °/₀ ou 20,000 fr., ce qui fait 64,000 fr. à ajouter aux 840,000 et porte son prix à 904,000 fr. Il vend alors cette propriété 1,000,000 de fr., ce qui avec 100,000 fr. de frais d'achat en porte le prix à 1,100,000 fr., que l'acheteur lui a payés avec 500,000 fr. lui appartenant et 600,000 fr. empruntés au Crédit foncier pour 50 ans.

Le fisc a donc touché sur les 140,000 fr. de frais environ 120,000 fr. pour droits de mutation, quittances, timbres, emprunt, en deux ans. La maison est louée pour 30 ans à un principal locataire et rapporte net par an 45,000 fr. Si un an après l'acquéreur meurt et qu'il laisse la propriété à un collatéral, un neveu par exemple, cette maison paiera encore au fisc un droit de succession de plus de 8 °/₀ sur 1,100,000 fr. soit 90,000 fr.

Voilà donc 210,000 fr. payés en trois ans sur une maison qui rapporte un peu plus de 4 °/₀ net par an, c'est-à-dire 4 années 2/3 de revenu ou seulement 2 années 2/3 si l'acquéreur survit longtemps à son achat. Nous verrons plus loin les autres conséquences de cette situation, si les projets de suppression des octrois étaient adoptés.

Ces deux cas, dont le premier est quotidien, montrent combien la propriété est imposée. Ces paiements successifs au fisc valent bien le poulet acheté à Paris et pour lequel on est obligé de payer une seconde fois à l'octroi dans une ville de passage.

Seuls les impôts provenant des monopoles ne donnent aucun souci : par contre, on paie largement, par le prix surélevé, la peine qu'on a évitée.

Nous croyons que l'affermage des octrois est un abus et c'est ce qui a empêché souvent de distinguer entre les perceptions légales et les concussions ; mais là encore c'est la faute de la commune et non de l'institution.

Ce reproche du reste ne peut être adressé à l'octroi de Paris.

EXEMPLE DES PAYS ÉTRANGERS

Les partisans de la suppression des octrois font, il est vrai, de longues dissertations sur les divers impôts établis dans les pays étrangers, sur leur assiette et sur leur mode de perception. Ils parcoururent ainsi la Hollande, la Suisse, l'Allemagne, le Danemark, l'Angleterre et les États-Unis. Nous ne les suivrons pas dans ces pérégrinations. Chaque pays a ses coutumes et ses charges et nous ne pensons pas que les systèmes financiers de l'étranger soient supérieurs aux nôtres. Il faudrait d'ailleurs que le système proposé fût préférable à celui qu'il s'agit de remplacer et nous n'hésitons pas à le déclarer inique et impraticable. Les partisans de la suppression des octrois traitent avec talent la question théorique, mais les conséquences de l'application de leurs théories paraissent leur échapper entièrement.

L'esprit de progrès et de réforme qui se trouve par essence dans le caractère français nous porte souvent à regarder beaucoup trop superficiellement ce qui se passe à l'étranger et à considérer comme bon pour nous, dans des conditions différentes, ce qui a été trouvé bon à l'étranger, dans des conditions tout à fait spéciales.

En 1860, la Belgique a supprimé ses octrois au moyen de l'établissement d'un fonds communal que la situation du Trésor permettait de constituer. La Belgique paraît avoir trouvé la véritable solution du problème ; mais, pour le réaliser en France, il faudrait que notre budget général fût dans un état de prospérité tel, qu'il prouvât d'abondants excédents de recettes disponibles.

Comment un état qui ne peut pourvoir aux dépenses du budget ordinaire pourrait-il se passer d'une recette de plus de 300 millions ?

Peut-on demander à l'État d'abandonner aux communes une partie des contributions générales, lorsque sa dette dépasse 30 milliards et lorsque, depuis 1881, le budget se solde chaque année par un déficit de plusieurs centaines de millions ?

L'exemple de la Belgique ne peut donc être suivi en France, et du reste la suppression des octrois en Belgique n'est peut-être pas tout ce qu'on peut désirer de mieux.

En effet, l'État belge fit abandon, en 1860, de 40 0/0 sur les recettes des postes, de 75 0/0 des droits sur les cafés, et de 34 0/0 du produit des douanes sur les vins et eaux-de-vie. Le surplus fut fourni par l'augmentation des droits d'entrée et d'accises sur les vins, l'eau-de-vie, la bière et le sucre.

Ce fonds communal fut partagé entre toutes les communes, mais on ne supprima pas les droits de consommation. Aussi les bourgmestres de Bruxelles, d'Anvers, de Gand et de Bruges déclarent-ils en 1869 que la suppression des octrois a porté un coup fatal aux finances des communes. L'allocation qu'elles reçoivent de l'État est demeurée fixe et n'a point augmenté avec la population et les nécessités administratives. Les communes se sont trouvées en déficit et, pour le combler, elles ont établi une infinité d'autres taxes plus vexatoires. La suppression de l'octroi en Belgique a profité aux gens aisés et aux intermédiaires ; elle n'a pas fait baisser le prix des denrées vendues en détail à la classe ouvrière et les gens aisés et les intermédiaires ont à supporter des charges nouvelles bien supérieures à celles dont ils ont été exemptés. Le système belge place les communes sous la dépendance de l'État au point de vue de leurs finances et porte ainsi, dans une certaine mesure, atteinte à leur autonomie.

En Angleterre, les besoins auxquels doivent pourvoir les municipalités sont loin d'être aussi grands et aussi nombreux que ceux des villes de France. En Angleterre, l'initiative privée limite les sacrifices des contribuables, tandis qu'en France on est assez porté à laisser aux pouvoirs publics le soin de tout faire. D'un autre côté l'affectation de tel ou tel impôt à telle ou telle charge obligatoire est presque inconnue en France, où l'on préfère noyer les recettes dans le torrent du budget général pour faciliter les faveurs, les virements et perpétuer les budgets du gaspillage.

C'est ainsi qu'à Paris, une taxe de vidange, basée sur le revenu des maisons et qui n'a aucun rapport avec les frais actuels de vidange payés aux compagnies par chaque propriétaire, vient d'être tout récemment votée.

Le Parlement français n'a pas compris, malgré nos protestations, qu'il s'agissait simplement pour le Conseil municipal de battre monnaie et de déférer aux désirs de l'Administration. Cette taxe constitue un véritable impôt. Elle pourra être considérablement augmentée dans cinq ans et devenir progressive, bien qu'elle soit contraire à l'équité parce qu'elle n'est plus la rémunération d'un service rendu. Elle servira à faire des travaux qui n'assainiront ni Paris ni la Seine et amèneront à Paris des eaux potables ou prétendues telles. En conséquence, les Propriétaires paieront seuls les frais d'adduction d'eaux, bien que tous les habitants de Paris y soient intéressés. Quand les travaux d'égouts et d'épandage auront été effectués, sans aucun profit pour l'assainissement, le Conseil municipal imposera encore de nouvelles charges aux Propriétaires pour faire les travaux indispensables par lesquels on aurait dû commencer et qu'on pouvait réaliser sans aucune charge pour la Ville et au plus grand avantage de l'agriculture nationale.

Pareille chose n'aurait pu se passer en Angleterre ; d'où la conclusion que ce qui est pratiqué en Angleterre peut n'être bon en France qu'en théorie.

Chez nos voisins l'application soigneusement circonscrite du produit des impôts est envisagée comme une garantie précieuse et chez nous elle semble constituer une gène intolérable.

Nous ne pouvons donc accepter pour le moment les exemples des pays étrangers.

ARGUMENTS EN FAVEUR DU MAINTIEN DES OCTROIS

OCTROI MUNICIPAL ET DE BIENFAISANCE

Les adversaires de l'octroi l'appellent ironiquement octroi municipal et de bienfaisance, nous leur répondrons qu'on pourrait y ajouter maintenant « et d'instruction publique ».

Additionnons donc les principales dépenses payées par le budget de la ville de Paris au profit de la classe ouvrière : l'instruction publique, 25 millions environ, plus 5 millions environ pour le loyer des établissements scolaires ; l'assistance publique, 25 millions environ, pour la subvention de la Ville, sans compter les revenus de l'établissement s'élevant à plus de 20 millions que nous ne citerons que pour mémoire et qui ne proviennent certainement pas de la classe qui en profite ; le dégrèvement de la contribution mobilière des logements au-dessous de 500 francs, 5 millions environ, total une soixantaine de millions dont profitent à peu près exclusivement ceux qui occupent les logements affranchis et qui proviennent de l'octroi.

Nous avons démontré que l'ouvrier ne payait en réalité sa part de droits d'octroi que pour le vin. L'octroi municipal de bienfaisance et d'instruction publique compense largement ce paiement et nous pouvous ajouter que la situation faite aux ouvriers par l'octroi peut être comparée à celle des membres participants des Sociétés de Secours mutuels. L'assistance publique au moyen des produits de l'octroi remplit le même office vis-à-vis des ouvriers et de leur famille ; elle donne en plus très largement l'instruction gratuite aux enfants.

Les salaires subiraient certainement une baisse considérable si les octrois étaient supprimés ; et, si les ouvriers étaient affranchis comme on le propose de tout impôt direct ou indirect, s'ils profitaient en outre, sans bourse délier, des avantages de l'assistance et de l'instruction, Paris ne tarderait pas a être envahi par les ouvriers de Province qui ne gagnent pas la moitié de ceux de Paris et qui sont loin de jouir du même avantage.

Il est vrai qu'il a été contesté à la tribune du Parlement que l'augmentation des salaires eût été supérieure à l'augmentation des choses nécessaires à l'existence. On a dit que l'augmentation des salaires ne s'était élevée de 1866 à 1884, à Paris, que de 16 fr. 30 p. 0/0, tandis que l'augmentation des charges de l'existence, survenue pendant cette période de 18 ans, s'élèverait à 29 p. 0/0.

Nous ne savons sur quels éléments l'orateur a basé son calcul, mais, s'il avait été bien guidé, il aurait puisé des renseignements dans la série officielle des prix des travaux du bâtiment de la ville de Paris et, s'il avait comparé les prix fixés pour chacun des ouvriers, sans exception, de chaque corps d'état du bâtiment, il aurait trouvé que l'augmentation moyenne des salaires, qui s'est produite pendant ces 18 années, s'élève de 53 à 54 p. 0/0 au profit de l'ouvrier, et de 60 à 61 p. 0/0 à la charge du propriétaire, car celui-ci a encore à supporter 15 p. 0/0 pour frais généraux sur la main-d'œuvre au profit des entrepreneurs.

On peut estimer la progression de la main-d'œuvre pendant cette période de 18 ans à 2 francs par jour au moins, qui, pour 300 jours de travail, produisent 600 francs par an. Il y a là de quoi payer les 132 fr. 12 centimes dont la dépense de l'ouvrier et de sa famille aurait progressé depuis 1866, d'après l'honorable orateur. Il ne parle pas d'augmentation de loyer pendant cette même période et nous croyons qu'il a raison, car les loyers ouvriers sont restés à peu près stationnaires, si nous devons nous en rapporter à ceux que nous connaissons, ainsi qu'aux renseignements officiels.

LA DIMINUTION DES TAXES NE PROFITERAIT PAS A L'OUVRIER

En principe, on ne peut disconvenir que le bas prix des denrées accroit la consommation et qu'un impôt excessif est de nature à en réduire l'importance. En fait, la suppression des taxes locales de consommation n'a jamais diminué le prix des objets nécesaires à la vie quand ces taxes étaient modérées et les dégrèvements d'octroi ne profiteraient guère qu'aux intermédiaires et aux gens aisés.

Le bétail vendu à vil prix l'année dernière, par suite de la sécheresse persistante, n'a pas fait diminuer le prix de la viande à Paris.

Le blé n'est pas frappé de droits d'octroi. Il est vendu depuis long-temps 0.10 centimes les 500 grammes et, malgré cette baisse sensible, jamais le Parisien n'a payé 500 grammes de pain au détail moins de 0.20 centimes. On sait pourtant que le blé rend son poids brut en pain, parce que l'addition d'eau compense les déchets.

A Paris, l'élévation des prix provient des intermédiaires et non de l'octroi, car l'abondance d'offre fait souvent descendre à presque rien le prix payé aux producteurs.

La loi du 18 juillet 1880, fixant un tarif réduit pour les droits d'entrée sur les vins, n'a pas profité aux consommateurs de détail.

Ceux qui ont attribué l'augmententation de consommation du vin, survenue en 1881, à la diminution de 0,05 c. par litre opérée en 1880, se sont trop avancés.

Voici la consommation des vins pendant les années 1866, 1872, 1876 et 1881, qui sont toutes des années de recensement, ce qui a permis de répartir cette consommation par tête, d'une manière exacte : 1866, **194** litres ; 1872, **216** litres ; 1876, **249** litres ; 1881, **224** litres.

On voit qu'en 1872 et en 1876 la consommation a été sensiblement la même qu'en 1881, quoique les droits d'octroi aient été de 0,05 c. par litre plus élevés. Cette différence est en effet insignifiante et elle ne diminue pas la consommation. C'est plutôt l'activité et la prospérité des affaires qui augmentent le gain des travailleurs et leur permettent de consommer d'avantage. Or, cette situation favorable existait en 1881 ; ce n'est qu'en 1882 que la crise des affaires s'est déclarée et que la consommation a diminué. Au reste, l'année 1881 a été exceptionnellement favorable à la consommation de toutes les denrées sujettes à l'octroi, quoique les droits n'aient pas varié. Voici les augmentations des principales denrées de 1881 sur 1876 : viande 1 1/2 0/0 ; beurre 3 0/0 ; œufs 19 0/0 ; fromages secs 5 0/0 ; vin 2 1/2 0/0.

On a dit également qu'il était consommé, dans le département de la Seine, 301 litres de vin par tête et que, dans 25 départements, on en consommait davantage, ce qui est fait pour surprendre. Nous avons eu sous les yeux la statistique de la consommation générale des vins en France jusqu'en 1881, année où la consommation de Paris s'est élevée à 224 litres par tête ; nous avons remarqué qu'à cette époque deux grandes villes seulement, situées au centre de vignobles importants (Lyon, Marseille, croyons-nous), avaient consommé quelques litres seulement de plus que Paris et nous avons attribué ce fait au bon marché résultant de leur situation. Partout ailleurs la consommation était moins importante.

La production moyenne des vins pendant les années 1882, 1883 et 1884 n'a été pour toute la France que de 34 millions d'hectolitres, c'est-à-dire de 90 litres par tête pour 37,672,000 habitants ; or, en supposant que les 25 départements dont on a parlé, sans les citer, aient une population moyenne, cela ferait à peu près 11 millions d'habitants et, si chacun d'eux avait consommé plus de 301 litres de vin, leur consommation se serait élevée à plus de 33 millions d'hectolitres, c'est-à-dire à la totalité de la production française ; il ne serait resté aux 62 autres départements que la quantité importée, qui est relativement insignifiante et dont il eut fallu diminuer l'exportation française.

LES DROITS D'OCTROI SONT PRODUCTIFS
ET LA PERCEPTION EN EST FACILE ET GÉNÉRALEMENT INSENSIBLE

Les droits d'octroi passent inaperçus quand ils sont modérés, conformément au principe économique qui veut que les tarifs fiscaux n'influent pas, dans une mesure appréciable, sur la production des richesses en la rendant onéreuse, ou sur la consommation en l'abaissant au-dessous du niveau des besoins légitimes.

Respectons donc ce principe et conservons les impôts qui se perçoivent le plus facilement.

Les impôts indirects, bien qu'impopulaires comme tous les impôts, sont ceux que l'on supporte le plus facilement parce qu'on les paie chaque jour, chaque heure, chaque minute presque à son insu.

Un économiste disait avec beaucoup de justesse : « Quand vous allu-
« mez une cigarette (et les fumeurs en brûlent un certain nombre par
« jour) vous payez trois impôts indirects, l'impôt sur les allumettes,
« l'impôt sur le tabac que vous savourez et l'impôt sur le papier qui l'en-
« toure, et cela vous semble bien moins dur que d'aller porter 0,50 c.
« chez le percepteur, tous les mois. »

Il en est de même des droits d'octroi que nous payons à chaque instant de la journée par petites parties, sans nous en apercevoir, parce qu'ils sont compris dans le prix de la marchandise.

Le produit des octrois augmente chaque annnée avec la richesse de la ville et le chiffre de la population. Il donne régulièrement des plus-values qui assurent au budget municipal l'élasticité nécessaire.

L'octroi, dit-on, se perçoit si facilement et le paiement en est si peu sensible au consommateur, qu'il a été pour les villes une source de prodigalités ruineuses. Voilà un argument qu'on pourrait en quelque sorte accepter contre la création de nouveaux octrois et contre l'autorisation de surtaxes d'octroi que les villes ne cessent de solliciter du gouvernement, mais il ne saurait être accepté en faveur de la suppression des octrois, car il s'agit aujourd'hui de payer ces prodigalités ruineuses. Notre budget municipal est en déficit et ce n'est pas le moment de tarir la source des recettes.

Du reste, l'édilité parisienne réitère sans cesse le vœu de l'abolition, mais elle se garde bien de prendre une résolution formelle et pratique en ce qui concerne les voies et moyens.

La suppression porterait un coup fatal au crédit de Paris et nuirait à sa solvabilité.

LES ÉTRANGERS PAIENT UNE BONNE PARTIE DES DROITS D'OCTROI.

Nous ne pouvons dire exactement dans quelles proportions sont supportés les droits d'octroi par les étrangers ; mais on affirme qu'à Paris, ville cosmopolite par excellence, les étrangers supportent 20 0/0 des droits d'octroi. C'est un beau denier qu'il y a lieu de ne pas sacrifier sans avoir mûrement réfléchi. Il faut que les charges que nous impose notre belle ville de Paris pour l'entretien de nos rues, de nos avenues, de nos monuments, de nos jardins publics, soient payées en partie par ses visiteurs et par les étrangers qui jouissent à satiété — et certainement plus que le parisien absorbé par son travail — de tous les agréments que nous leur préparons.

Si les taxes nouvelles n'atteignaient pas les étrangers, cette portion de l'octroi, qui est considérable, serait encore supportée par les contribuables parisiens et nous trouvons qu'ils paient déjà beaucoup trop d'impôts.

LES TAXES DE REMPLACEMENT

Toute idée de suppression de l'octroi doit être écartée si des recettes équivalentes ne viennent pas combler le déficit du budget. Cela parait incontestable.

Examinons donc les taxes de remplacement.

CENTIMES ADDITIONNELS AUX CONTRIBUTIONS DIRECTES.

Les centimes additionnels, qui ne devraient être qu'un accessoire, ont acquis à Paris une très grande importance.

Actuellement, le nombre des centimes additionnels est de :

    140 pour la propriété bâtie.
    139 pour la propriété non bâtie.
    102 pour les portes et fenêtres.
    131 pour l'impôt mobilier.
    101 pour les patentes.

Le produit du centime atteint le chiffre respectable de 613,700 fr.

Pour arriver à supprimer l'octroi au moyen de centimes additionnels aux contributions directes, il faudrait ajouter *deux cent quarante-quatre centimes.*

En conséquence, une propriété imposée déjà de 100 francs au principal et de 140 centimes additionnels ou 140 francs, soit au total de 240 fr., verrait ses impôts plus que doublés et paierait 484 francs.

Il en serait de même de la propriété non bâtie, c'est-à-dire des terrains à Paris qui paient déjà cent trente-neuf centimes additionnels.

L'impôt des portes et fenêtres, l'impôt mobilier et l'impôt des patentes seraient plus que doublés, parce que ces trois contributions n'ont pas jusqu'à ce jour été dotées d'autant de centimes additionnels que la propriété.

On sait en effet qu'en 1886, lors de l'emprunt de 250 millions de la ville de Paris, la contribution foncière a été imposée de 24 centimes additionnels et les trois autres contributions directes de 4 centimes seulement. Cette inégalité aurait dû cesser en 1898, mais, comme notre conseil municipal a contracté la funeste habitude de manger son blé en herbe, les centimes additionnels une fois imposés ne doivent jamais s'éteindre et il les a affectés, dans la même proportion, au gage de l'emprunt de 200 millions, voté en 1892.

En chiffres exacts il serait payé :

	Principal	p^r centimes additionnels	p^r supplément de centimes additionnels en remplacement de l'octroi		TOTAL
Par la propriété bâtie....	100 fr.	140 fr.	244 fr.	=	484 fr.
Par la propriété non bâtie (terrains)............	100	139	244	=	483
Par les portes et fenêtres.	100	102	244	=	446
Par l'impôt mobilier.....	100	131	244	=	475
Par les patentes.... ...	100	101	244	=	445

Dans le cas où le remplacement des droits d'entrée viendrait encore s'ajouter à la réforme des droits d'octroi et, étant admis que les droits d'entrée sont presque équivalents à la moitié des droits d'octroi, la propriété foncière verrait ses impôts augmentés de 150 0/0.

En conséquence, une propriété imposée de 100 francs au principal paierait 600 fr. et les trois autres contributions directes seraient encore augmentées dans une plus large proportion.

La mesure des centimes additionnels est déjà comble depuis longtemps, car ils dépassent le principal ; nous estimons donc que, pour ce seul motif, il faut renoncer à ce moyen commode en théorie, mais injuste et onéreux dans la pratique.

Remplacer une charge qui frappe tout le monde par un impôt qui grèverait seulement un petit nombre de contribuables, ceux qui acquittent déjà des contributions directes fort lourdes, ne nous paraît pas être une réforme équitable.

On oublie trop que de 1801 à 1821 il fallut réduire huit fois l'impôt direct et accroître l'impôt indirect.

Il est du reste question de supprimer l'impôt sur l'air et la lumière et, bien que nous soyons partisans de l'impôt des portes et fenêtres, tel qu'il est appliqué à Paris, où il est frappé d'un droit fixe et d'un droit proportionnel au loyer, nous trouverions injuste l'augmentation de cet impôt.

Les commerçants, ruinés par la concurrence et par les grands magasins, traversent une période critique qui ne permet pas décemment de songer à aggraver l'impôt des patentes, et l'impôt mobilier, qui augmente de 9.6 0/0 les charges du loyer, nous semble avoir atteint des proportions suffisantes.

TAXES DIVERSES

On propose, il est vrai, de remplacer l'octroi par l'impôt cubique qui sourit beaucoup à nos réformateurs, mais nous pensons qu'ils n'ont pas encore fait une étude approfondie de la question et nous espérons qu'ils continueront à réfléchir et à combiner avant de se lancer dans cette mauvaise voie. Ce serait un impôt sur le cube d'air respirable dans sa chambre ou dans son appartement, qui serait au moins aussi critiquable que l'impôt sur l'air et la lumière. Pour les terrains on cuberait jusqu'à une hauteur de 2 mètres. On n'est pas plus fantaisiste !

Une taxe sur les étrangers serait sans effet, si le droit était modique, et éloignerait les étrangers, si elle était élevée. Nous aimons mieux continuer à leur faire payer 20 0/0 de nos droits d'octroi.

Est-ce à une taxe au mètre cube sur les constructions neuves que nous pouvons demander le remplacement des droits d'octroi sur les matériaux ? Cette taxe n'atteindra pas les réparations et nous abandonnerons le certain pour l'incertain.

Remplacerons-nous le droit sur les fourrages par une taxe sur les chevaux qui sont déjà atteints d'un impôt direct ? Ce serait une aggravation d'impôt vexatoire, sans utilité pratique.

Devons-nous remplacer les droits sur les combustibles par une taxe sur les cheminées ? La combinaison est peut-être ingénieuse, mais elle développera l'usage du calorifère qui chauffera toute la maison. On demandera alors sans doute une taxe spéciale pour les calorifères.

Cela revient à dire qu'en remplaçant les octrois par d'autres taxes, on pourrait éviter d'augmenter d'autant les centimes additionnels. On peut en effet imaginer tout ce qu'on veut comme taxe de remplacement, mais on risque fort d'établir des taxes plus mauvaises et plus tard, à bout d'expédients, on rétablira les octrois, tout en conservant un grand nombre des taxes dites de remplacement. Voilà l'avenir que les partisans de la suppression des octrois nous réservent.

On établira aussi des taxes sur les hôtels, cafés, restaurants. Nous ne redoutons pas outre mesure l'établissement de ces taxes qui auraient pour résultat de faire augmenter les prix, d'éloigner les étrangers et de diminuer la consommation en augmentant les charges. Les hôtels, cafés et restaurants ont pour propriétaires des hommes influents et nos élus y regarderont à deux fois avant de se faire remercier par le peuple souverain.

Un impôt sur les monopoles, fournitures et transports, serait un expédient onéreux, car les monopoles grèvent déjà, dans une forte proportion, le prix des services rendus.

Contentons-nous des privilèges déjà établis au profit de la Ville sur l'eau, la vidange, le balayage, le gaz, etc...

Le produit de la taxe de balayage devrait être équivalent aux sommes dépensées, mais la Ville s'est affranchie depuis longtemps de ses obligations pour augmenter le budget du gaspillage.

Le gaz que nous payons 0.30 centimes le mètre cube, parce que la Ville prend une partie importante des bénéfices, nous paraît être d'un prix trop élevé. Tout récemment nos élus de l'Hôtel de Ville ont voté le dégrèvement des frais accessoires de gaz au profit des ouvriers qui voudront en user. Nous approuvons ce vote que le Conseil d'administration du Syndicat des Propriétaires de Paris a préparé en apposant sa signature sur la pétition que les ouvriers ont fait circuler dans Paris. Nous sommes donc loin de penser qu'il y ait lieu d'augmenter son prix pour remplacer l'octroi municipal de bienfaisance et d'instruction publique.

Une augmentation du prix de l'eau salubre serait plus inique encore, mais nous devons nous attendre à d'incessants projets nouveaux de la part d'une Compagnie parisienne, française et étrangère, qui trouve le moyen de rançonner les principales villes de France. Elle est présidée par M. Edward Blount, un excellent anglais, qu'un instructif débat à la Chambre des Députés vient de priver de la présidence de la Compagnie des chemins de fer, de l'ouest. Notre Conseil Municipal, espérons-le, ne lui laissera pas plus longtemps le soin de nous abreuver beaucoup trop souvent d'arbitraire et d'eau de Seine. C'est grâce à l'influence néfaste de la Compagnie des Eaux que nos édiles ont tenté à plusieurs reprises d'établir un prix progressif exagéré sur l'eau salubre, qu'ils auraient fait payer jusqu'à six fois son prix de revient et que nous appelions un impôt contre l'hygiène et la propreté. Mais le Conseil d'Etat, devant lequel le Syndicat des Propriétaires de Paris a chaque fois constitué avocat, n'a pas craint de déclarer qu'un impôt sur l'eau salubre était antidémocratique et souverainement injuste, et nos édiles se sont inclinés en maugréant.

Quant à l'impôt sur la vidange, uous avons déjà démontré qu'il était inique et, malgré l'élasticité de la taxe sur le revenu des maisons qui vient d'être imposée aux propriétaires de Paris, nous pensons qu'on ne songera pas de quelques jours à la déculper pour supprimer une partie des droits d'octroi.

Inutile également d'espérer en France remplacer l'octroi par des droits de douane et de circulation comme la Belgique.

Au fond de tous ces projets nous ne voyons qu'une intention mal dissimulée de grever la propriété bàtie et de porter un coup fatal à l'industrie du bàtiment. On oublie trop que ce n'est pas le moment de faire augmenter le loyer, qui est à Paris la plus lourde charge pour tous, patrons et ouvriers, nous dirons même pour les propriétaires, parce qu'ils ne peuvent plus recouvrer leurs loyers comme autrefois et que les propriétaires de maisons ouvrières ne songent plus qu'à s'en débarrasser. Les capitaux préfèrent les valeurs mobilières, où les ennuis sont supprimés et parfois ils émigrent à l'Etranger.

Voilà l'œuvre de nos législateurs et du Conseil municipal de Paris.

D'autres mieux intentionnés demandent que l'Etat fasse abandon aux communes de l'impôt sur la propriété bàtie. Ces intentions sont très louables et il manque seulement de l'argent à l'Etat pour leur donner satisfaction. Il serait encore plus simple de demander à l'Etat de renoncer aux droits d'entrée, qui triplent les droits perçus dans beaucoup de villes rédimées, mais la situation obérée de ses finances ne lui permet même pas ce hors-d'œuvre. On propose aussi de remplacer l'impôt sur les propriétés bàties, dont l'abandon serait fait aux communes, par une taxe progressive sur les successions, qui en ligne directe pourrait élever les droits jusqu'à 5 0/0, en ligne collatérale jusqu'à 12 0/0 et entre étrangers jusqu'à 16 0/0. Nous observerons simplement que la propriété paie plus que sa part des droits de succession, parce que le mobilier et les valeurs au porteur s'affranchissent toujours du paiement de ces droits. Ce serait donc la propriété qui paierait la plus grande part de la réforme.

TAXE SUR LA VALEUR VÉNALE DE LA PROPRIÉTÉ BATIE ET DES TERRAINS

Parmi les partisans de la suppression des octrois, les uns préfèrent l'impôt sur le capital, et les autres l'impôt sur le revenu immobilier. Rien ne justifie une pareille mesure dans un pays où le capital mobilier a pris une importance supérieure à celle des immeubles. Les propriétaires demandent simplement de payer leurs impôts comme les autres citoyens et ils s'opposent à subir la confiscation soit par un impôt sur le capital, soit par un impôt sur le revenu.

Nous déclarons toutefois, contrairement aux assertions d'économistes distingués, qu'il est plus difficile d'évaluer la valeur vénale que les revenus, car il faut d'abord connaître le revenu, ce qui est facile si la propriété est louée, ou l'évaluer si elle ne l'est pas.

Pour faire cette dernière opération, on prend comme comparaison les maisons louées qui se rapprochent le plus de la maison à évaluer, comme construction ; on relève le nombre de mètres habitables et l'on répartit sur la superficie de chaque maison leur prix de location. On y ajoute ou on en diminue ensuite les plus-values ou les moins-values qui peuvent résulter de leur situation ; on a égard à la valeur relative des terrains sur lesquels elles reposent et à leur étendue ; on évalue toutes les autres causes différentielles et, quand on les a ramenées au type de la maison à évaluer, on applique à celle-ci le prix moyen de location ; on obtient ainsi, aussi exactement que possible, sa valeur locative brute ; on réduit d'un cinquième, d'un quart ou d'un tiers, selon l'importance des charges ou non valeurs de toute nature, pour obtenir le revenu net, et l'on capitalise ce revenu net, à un taux qui varie de 4 à 5 0/0, selon la situation et l'état des constructions, pour obtenir la valeur vénale réelle.

L'administration des contributions directes a pris une moyenne et elle se contente de déduire un quart pour les maisons et un tiers pour les usines du revenu brut pour obtenir le revenu net. C'est un procédé simple et commode qui nous paraît être exact en tant que moyenne, mais qui grève lourdement les maisons ouvrières au point de vue de l'impôt. De son côté, l'administration de l'enregistrement n'est pas embarrassée pour trouver la valeur vénale, elle capitalise le revenu brut au denier 20 et obtient un capital presque toujours majoré. Cela ne peut étonner de la part d'une administration habituée à faire payer légalement les droits de succession sur la valeur vénale brute, c'est-à-dire sans déduction des charges.

Quant à fixer la valeur vénale sur la valeur du mètre de construction, cela n'offrirait aucune garantie. Le prix des constructions est très-variable et l'appréciation de la qualité des matériaux difficile, sinon impossible. Cette valeur varie aussi beaucoup selon la situation de la maison. Dépensez 300.000 francs pour la construction d'un hôtel particulier sur un terrain situé dans certains quartiers et vous ne trouverez pas à le vendre la moitié de son prix de revient. Il y aurait en outre, dans ce cas, l'évaluation du terrain dont le prix est très variable et qui serait très difficile dans des quartiers entièrement construits. Quant à

se baser sur l'assurance, ce n'est praticable ni pour la maison, ni pour les meubles. La première est assurée quelquefois pour la moitié de sa valeur si les matériaux et la main d'œuvre ont augmenté, quelquefois pour le double dans le cas contraire ou dans les quartiers déshérités.

Il est donc très difficile d'établir une valeur vénale sans connaitre le revenu.

Du reste le revenu seul est imposable parce qu'on le connait, qu'il est certain et qu'on ne peut, en équité, être tenu de payer que sur ce qu'on a reçu. Cela nous parait élémentaire.

Voici quelques exemples de la difficulté d'établir et d'imposer exactement la valeur vénale.

Nous connaissons une propriété qui a été vendue trois fois dans l'espace de 15 ans. La première fois 50,000 fr., la deuxième fois 18,000 fr. L'ancien propriétaire payait la contribution mobilière sur 2,400 fr. de loyer réel. Le deuxième réclame contre l'énormité de cette évaluation et, après expertise, elle est réduite à 1,600 fr. Il meurt quelques temps après et ses héritiers paient les droits de succession sur le capital de 1,600 fr. de revenu, soit sur 32,000 fr. Un an après le décès de leur auteur, ils vendent la propriété 40,000 fr. et le receveur de l'enregistrement réclame les droits de succession sur un excédent de valeur de 8,000 fr., puis de 4,000 fr., puis enfin il renonce à toute réclamation.

Une autre propriété neuve était habitée par un ménage. L'un des époux meurt, laissant le survivant pour héritier. La propriété avait été imposée à la contribution mobilière sur 3,000 fr. de valeur locative réelle, elle n'était pas encore imposée au foncier. Réclamation et demande de réduction à 2,300 fr. de valeur locative réelle. Une expertise est ordonnée et, pendant la durée de l'instance, l'époux héritier paie, par prudence, les droits de succession sur 50,000 fr., c'est-à-dire sur la valeur vénale d'un revenu de 2,500 fr. L'expertise a pour résultat de réduire la valeur locative réelle au chiffre de la demande, c'est-à-dire à 2,300 fr. représentant 46,000 fr. de valeur vénale. L'héritier avait donc payé les droits sur 4,000 fr. en plus et l'excédent ne lui a pas été remboursé.

On pourrait citer à l'infini des cas où il serait impossible de fixer avec exactitude la valeur vénale des propriétés, surtout quand elles ne sont pas louées, cas où il est difficile, sinon imposssible, de fixer d'une manière à peu près juste la valeur vénale réelle des propriétés bâties, tandis qu'on connaît toujours leur revenu ou qu'il est facile de le connaître, surtout à Paris où les propriétés sont généralement louées.

Il ne faut donc pas penser à prendre la valeur vénale comme base de l'impôt, en raison de sa variabilité dont il est facile de se rendre compte soit par les ventes amiables, soit par les adjudications, et surtout quand les propriétés sont l'objet de plusieurs mutations à des intervalles peu éloignés.

*
* *

Quelle est maintenant la valeur vénale de la propriété bâtie et non bâtie de Paris ?

Nos législateurs ne sont pas embarrassés pour trouver la valeur vénale de la propriété bâtie. Ils disent qu'elle rapporte brut 750 millions. Ils capitalisent au denier 20, exactement comme l'Administration de l'enregistrement, et ils nous livrent, sans la moindre hésitation, le gros chiffre de 15 milliards de valeur vénale.

Celà revient à dire qu'une maison de 100.000 fr. ou d'un multiple de 100,000 fr. rapporte 5,000 fr. brut pour chaque centaine de mille francs et que le propriétaire d'une maison rapportant brut 5,000 fr. ou un multiple de 5,000 fr. trouve à la vendre autant de fois 100,000 fr. qu'il y a de multiples de 5,000 fr.

En fait, la capitalisation au denier 20, employée par l'administration pour trouver la valeur vénale, est contraire à l'exactitude.

Les ventes sont généralement faites sur un rapport de 4 à 5 0/0 net.

Et qu'on ne nous dise pas que la propriété bâtie est en voie de prospérité parce qu'elle ne peut généralement rapporter moins de 4 0/0 net, alors que les bonnes valeurs mobilières ne rapportent que 3 0/0. Cela prouve au contraire que la propriété se trouve dans un état notoire de défaveur et que les tracasseries de toute sorte dont les propriétaires sont victimes, et les aléas et risques à prévoir, font exiger un revenu plus élevé que celui des valeurs mobilières de tout repos et surtout sans ennuis.

Nous observerons également que le capital des valeurs mobilières, dites de tout repos, telles que la rente sur l'Etat français, augmente généralement, tandis que la valeur vénale des maisons ou capital, tend à disparaître avec le temps. En un mot, les propriétés bâties ne gagnent pas en vieillissant. Voilà une des causes qui font négocier les transactions immobilières sur un taux de 4 0/0 de revenu net au minimum.

Il nous semble en conséquence que nos législateurs auraient été mieux inspirés en évaluant la propriété bâtie de Paris à un rapport de 4,50 0/0 en moyenne.

La conclusion qui s'impose est que la valeur de 15 milliards attribuée à la propriété bâtie parisienne est exagérée.

En capitalisant au taux moyen de 4,50 0/0 le revenu de 750 millions, après en avoir déduit un quart pour les charges ce qui le ramène à 562 millions 500 mille francs, nous trouvons seulement une valeur vénale de 12 milliards 500 millions.

Nous voulons bien accepter pour exact le revenu brut de 750 millions, malgré le peu de soin apporté par l'administration aux évaluations faites en 1889, et la négligence de nombreux propriétaires, qui ont oublié de s'adresser, dans les délais, au Syndicat des Propriétaires de Paris, pour obtenir des réductions d'impôts.

Les terrains non construits de Paris sont estimés par le Ministre des Finances, qui ne garantit pas l'exactitude de l'évaluation, à 2 milliards. Nous démontrerons, tout à l'heure, qu'ils ne peuvent être imposés, en aucun cas, dans les mêmes conditions que la valeur vénale de la propriété bâtie et nous nous bornerons à faire le calcul du remplacement des 150 millions produits par l'octroi, au moyen d'un impôt sur 15 milliards de valeur vénale, fixée selon la méthode défectueuse de l'administration et sur 12 milliards 500 millions, valeur vénale réelle.

Si nous calculons sur 15 milliards pour remplacer 150 millions, la propriété parisienne serait imposée de 10 0/00 ou de 1 0/0 du capital et le propriétaire, ayant un immeuble valant 100,000 fr., paierait un impôt de 1,000 fr. pour remplacer l'octroi, en plus des 330 fr. d'impôts qu'il paie actuellement, soit en tout 1,330 fr.

S'il prenait fantaisie à l'État de remplacer en même temps le droit d'entrée, soit 75 millions environ, par un impôt sur la valeur vénale, la propriété parisienne serait imposée de 5 0/00 ou de 0,5 0/0 du capital et le propriétaire ayant un immeuble valant 100,000 fr. paierait 1,000 fr. pour remplacer l'octroi et 500 fr. pour remplacer les droits d'entrée, en plus des 330 fr. qu'il paie actuellement, soit en tout 1,830 fr.

Mais si nous calculons sur 12 milliards 500 millions, valeur vénale réelle de la propriété bâtie de Paris, il faut augmenter les chiffres d'un cinquième et le propriétaire d'un immeuble valant 100,000 fr. paierait 1,200 fr. pour remplacer l'octroi et 600 fr. pour remplacer les droits d'entrée, en plus des 330 fr. qu'il paie actuellement, soit au total 2,130 fr.

Ces chiffres sont très éloquents par eux-mêmes et nous n'ajoutons aucun commentaire.

* *
* *

Les parcs, jardins et autres terrains, sont actuellement imposés sur 0,10 centimes par mètre pour les 500 premiers mètres de leur superficie, soit sur un revenu net imposable de 1,000 fr. l'hectare, et pour les quantités qui excèdent cette contenance sur 0,024 par mètre, soit sur un revenu net imposable de 240 fr. l'hectare.

L'idée d'imposer les terrains à Paris d'après leur valeur vénale est bizarre ; le motif invoqué, forcer le propriétaire à les couvrir de maisons ouvrières, l'est plus encore, dans un moment où il y a une si grande quantité de locaux vacants et où la baisse considérable des loyers, combinée avec le maintien du prix de la main d'œuvre et des matériaux, ainsi qu'avec les projets hostiles à la propriété, interdirait d'élever des maisons, d'ailleurs inutiles, qui resteraient vacantes, et pour lesquelles il faudrait payer l'impôt foncier pour tout local qui ne resterait pas vacant pendant un an. Nous allons voir le résultat que l'on atteindrait s'il était donné suite à cette proposition.

Après examen, nous croyons que ces terrains, dont le Ministre des Finances n'a fait connaître ni la superficie, ni la valeur moyenne (ce qui est au moins regrettable, connaissant l'usage qu'on voulait faire du renseignement) ont une valeur moyenne de 80 fr. le mètre carré. Il y en a qui valent 5, 8, 10, 15, 20, 30 et 40 fr., et ce sont les plus nombreux et les plus grands situés dans la zone annexée ; d'autres, situés dans Paris ancien, valent plus cher à mesure qu'on se rapproche du centre, mais leur superficie est relativement moins considérable. A 80 fr. valeur moyenne, il faut 2,500 hectares ou 25 millions de mètres pour produire les 2 milliards de francs auxquels ils ont été évalués. Si de la surface totale on déduit 400 hectares ou 4 millions de mètres pour des percements, des squares complémentaires et des établissements publics, il restera 21 millions de mètres pour la construction privée, sur lesquels on pourra, à mesure que les besoins l'exigeront, édifier 60,000 maisons sur 350 mètres de terrain chacune, dans lesquelles on pourra loger 2 millions 400.000 personnes, ce qui doublera la population actuelle de Paris.

Si l'on admet que la population progressera dans l'avenir de 35,000 habitants par an, il faudra 69 ans pour utiliser tous les terrains libres en les affectant à la construction ; il en résultera des situations qu'il faut prévoir et qui paraissent avoir échappé à la perspicacité des partisans de la taxe.

En voici un exemple : un propriétaire possède un terrain de 10,000 mètres, situé non loin des fortifications, et exploité par une famille de maraîchers qui ont un bail de 30 ans, moyennant 400 fr. de loyer annuel. On a vendu tout récemment des terrains situés dans le voisinage au prix de 8 fr. le mètre, frais d'achat compris, ce qui représente une valeur vénale de 80,000 fr. Le propriétaire aurait vendu ce terrain, mais le locataire ne veut pas résilier son bail et c'est son droit. Qu'adviendra-t-il si le propriétaire est obligé de payer 10 0/00 ou 1 0/0 d'impôt sur la valeur vénale pour remplacer l'octroi, soit 800 fr., alors qu'il ne touche que 400 fr. de loyer annuel, indépendamment de ce qu'il paie actuellement ? Il sera ruiné s'il ne possède pas d'autres ressources ou s'il ne trouve pas un prêteur.

Nous ne parlons pas du remplacement des droits d'entrée dans les mêmes conditions, qui l'obligerait à payer encore 400 francs de plus qu'il ne saurait où trouver.

Beaucoup de terrains situés dans la périphérie, non loin de l'enceinte des fortifications, sont loués par baux plus ou moins longs, à des maraîchers, ou autrement, pour des prix qui varient de 4 à 500 francs l'hectare. Ces terrains ont une valeur de 5 à 10 francs le mètre, soit de 50 à 100,000 francs l'hectare. Ils paieraient un impôt double ou triple de leur revenu. Ce serait la ruine pour les propriétaires, car la profession modeste des locataires ne permettrait pas d'exercer sur eux une répercussion réelle, même légale.

On objectera que l'on pourrait faire une exception pour les terrains occupés. Mais, dans ce cas, tous les terrains de Paris seraient immédiatement convertis en potagers pour éviter les droits.

L'impôt basé sur la valeur vénale des terrains est donc impraticable et nous croyons que nos législateurs le comprendront.

TAXE SUR LE REVENU

Passons à l'impôt sur le revenu de la propriété bâtie de Paris, en le calculant sur 750 millions, après en avoir déduit un quart pour les charges, ce qui l'a ramené à 562 millions 500 mille francs. Nous avons tenu pour exact ce revenu brut de 750 millions et nous négligeons même, dans la déduction des charges, de tenir compte de la déduction du tiers à faire pour les usines, car la différence en moins ne réduirait le revenu net que de 2 millions au maximum.

Les partisans de la suppression des octrois veulent surtout frapper la propriété bâtie, parce qu'ils prétendent que le revenu aurait augmenté de 400 0/0 en 42 ans.

Le revenu cadastral des maisons de Paris était en effet de 112 millions en 1862, et nous lui reconnaissons aujourd'hui une valeur de 562 millions 500 mille francs. L'énormité de cette différence provient d'une cause qui a échappé à leur attention. En 1862, l'annexion était consommée et cette progression était impossible. Elle n'est en partie qu'apparente. Depuis 1879 le revenu cadastral, que nous appelons aujourd'hui le revenu net, se trouve être exactement le revenu net imposable, normal et légal de 75 0/0 du revenu brut réel ; en 1862 le revenu cadastral était atténué de moitié et fixé à 37 1/2 0/0, c'est-à-dire à la moitié du revenu net imposable. Les 112 millions de 1862 représentent donc aujourd'hui 224 millions. La différence pour atteindre 562 millions 500 mille francs est encore considérable ; mais l'imposition de 1862 ne portait que sur les maisons construites jusqu'à et y compris l'année 1859, puisque les maisons ne sont imposées au foncier que la troisième année qui suit leur achèvement. Or, de 1862, époque à laquelle étaient imposées les maisons construites en 1859, jusqu'à ce jour, c'est-à-dire en 42 ans, de grands travaux ont été exécutés, des quartiers nouveaux créés, des maisons nombreuses et luxueuses ont été édifiées. De leur côté, et surtout dans les quartiers nouveaux, les propriétaires d'anciennes maisons les ont pour la plupart fait restaurer ou améliorer à grands frais.

Il suffit d'ailleurs de constater que la population de Paris a augmenté de 80 0/0 depuis l'annexion, et si nous augmentons dans cette proportion les 224 millions de revenu cadastral comparable de 1862, on trouve 403 millions 200 mille francs, chiffre qui ne s'écarte que de 159 millions 300 mille francs du revenu net d'aujourd'hui (562 millions 500 mille francs). Sur ces bases l'augmentation de valeur locative se comprend; elle ne fait que compenser la plus-value donnée à la valeur vénale par les embellissements et améliorations, et le fisc augmente, avec raison, l'impôt en conséquence. Mais pour les maisons qui n'ont pas été modifiées, les loyers, loin d'augmenter depuis 42 ans, ont décru et ont été l'objet d'une baisse sensible dans presque tous les quartiers.

Cela rectifié, faisons les calculs :

Pour remplacer 150 millions d'octroi en imposant le revenu net de la propriété bâtie, soit 562 millions 500 mille francs, il faudrait faire payer 26,67 p. 0/0 du revenu net.

Pour remplacer 75 millions de droits d'entrée dans les mêmes conditions il faudrait faire payer 13,33 p. 0/0 du revenu net.

En conséquence, le propriétaire ayant un immeuble valant 100.000 fr., rapportant net 4.500 francs, paierait 1.200 francs pour remplacer l'octroi en plus des 330 francs d'impôts qu'il paie actuellement, soit au total 1.530 francs. Si on lui faisait encore payer le remplacement des droits d'entrée, soit 600 francs, il paierait en tout 2.130 francs. Ces chiffres correspondent exactement à ceux que nous avons établis en calculant l'impôt sur la valeur vénale réelle qui est de 12 milliards 500 milions.

L'impôt sur le revenu en remplacement de l'octroi aboutit à la confiscation de 26,67 p. 0/0 de nos revenus nets et nous fait payer 34 p. 0/0 avec les 7,33 p. 0/0 d'impôts que nous payons actuellement.

La confiscation atteint le chiffre de 40 p. 0/0 de nos revenus nets si nous ajoutons la suppression des droits d'entrée et nous paierions en tout 47,33 p. 0/0 d'impôts.

Tout cela paraît monstrueux d'injustice, incroyable, mais les propositions ont été faites et d'autres encore qui arriveraient à la confiscation totale de la propriété.

* *
*

Dans le cas d'impôt sur la valeur vénale des terrains et aussi dans le cas d'impôt sur immeubles loués par baux (et il y en a au moins les

3/4 loués par baux à Paris), il n'y aurait pas de répercussion possible. Ce serait la ruine totale pour les propriétaires endettés et les propriétaires de terrains, et la ruine partielle pour les autres.

On n'aurait même pas la possibilité d'affranchir la dette de l'impôt, car, si on le faisait, l'énormité de l'impôt aurait cette conséquence que, pour s'y soustraire, on emprunterait et l'on placerait les fonds de l'emprunt sur des valeurs affranchies d'impôt ou frappées d'un impôt modéré.

Quant à l'idée de faire des propriétaires les collecteurs de la taxe projetée, surtout après avoir déclaré que l'État ne pouvait s'en charger parce que les cotes seraient irrécouvrables, elle est au moins bizarre. Celle de faire payer le droit au propriétaire, sans qu'il puisse exercer de répercussion légale sur ses locataires à partir de la mise à exécution de loi projetée, serait absolument inique et les auteurs de la proposition n'en ont pas aperçu les conséquences.

Voici la situation réelle qui sera faite aux propriétaires soit que l'on applique l'impôt à la valeur vénale, soit qu'on l'applique au revenu, soit à des maisons franches d'hypothèques, soit à des maisons qui en sont grevées.

La maison de 100.000 francs de valeur vénale, rapportant net 4.500 francs, sera grevée d'un impôt de 1.200 ou de 1.800 francs si les droits d'entrée sont également supprimés, (nous ne parlons pas de 330 fr. d'impôts payés actuellement et qui ont été compris dans les charges). Si cette maison est libre d'hypothèques, le revenu du propriétaire sera réduit à 3.300 francs ou à 2.700 francs. Si cette maison est grevée de 50.000 francs d'hypothèques, après paiement de 2.500 francs d'intérêts, le revenu du propriétaire sera réduit à 800 francs ou à 200 francs.

Il suffira de porter l'emprunt à 66.000 francs dans le premier cas, et à 54.000 francs dans le second, pour que le revenu du propriétaire soit complètement englouti.

Actuellement, quand on fait construire ou quand on achète une maison, on calcule toujours le revenu net qu'elle doit produire après défalcation des charges : impôt foncier, assurances, concierge, vidange, réparations, non-valeurs.... En réalité, le propriétaire ne supporte donc pas l'impôt foncier et c'est justice, puisque cet impôt est exceptionnel et qu'il n'y a aucune raison pour que le propriétaire en subisse les charges, puisqu'il paie, comme tous les autres contribuables, tous les autres impôts sans aucune exception ; on ne pourrait se dispenser de lui accorder un droit de répercussion, si le foncier était chargé en tout ou en partie de la taxe de remplacement des octrois.

TAXE SUR LA VALEUR LOCATIVE

Voyons maintenant à quel taux il faudrait imposer les loyers si l'on répartissait sur les locataires les 150 millions de droits d'octroi.

Si le projet de suppression était praticable, cela serait plus rationnel. puisque la base d'impôt serait certaine et porterait sur toute la population.

Il va de soi que la répartition devrait en être faite sur les 750 millions de valeur locative réelle et non sur le loyer matriciel, qui est un loyer atténué, suivant le caprice des communes et qui n'a rien de commun avec le foncier qui est un impôt sur le revenu net. Cette taxe sur les loyers réels $\left(\frac{150 \text{ millions}}{750 \text{ millions}}\right)$ s'élèverait à 20 0/0 pour la suppression des droits d'octroi et à $\left(\frac{75 \text{ millions}}{750 \text{ millions}}\right)$ 10 0/0 pour la suppression des droits d'entrée, non compris la contribution mobilière qui atteint presque 10 0/0 du loyer réel.

Nous ferons remarquer que nous calculons sur tous les loyers et que ceux qui pourraient être affranchis (par exemple ceux des indigents réels et non ceux des prétendus indigents, que l'on a qualifiés ainsi afin de les exonérer de la contribution mobilière) viendraient augmenter la proportion des charges qui pèseraient sur ceux non exonérés.

Nous observerons aussi que cette taxe, dont aucun locataire ne devrait être affranchi (sauf les indigents réels), aurait à l'égard de certains commerçants des conséquences désastreuses et serait de nature à enrichir certains autres. Ainsi, les restaurateurs, limonadiers, marchands de comestibles et autres, qui vendent au détail des marchandises sujettes à l'octroi, profiteraient de la presque totalité de l'octroi supprimé pour leurs denrées et les taxes dont ils seraient frappés seraient loin de faire compensation.

Par contre, les négociants et débitants de denrées ou marchandises non sujettes à l'octroi auraient à supporter sur leurs loyers personnels et commerciaux une taxe imprévue et exorbitante, tandis qu'ils n'auraient en perspective qu'une compensation aléatoire sur l'octroi supprimé de quelques articles de leur consommation personnelle. Ils ne pourraient en effet exercer de répercussion sur la vente de leurs marchandises par suite de la concurrence extérieure.

CONCLUSION

Les octrois ne nous paraissent pas pouvoir être supprimés par voie d'économie : autrement nous crierions bien fort avec l'universalité des citoyens français qui n'aime pas plus les impôts que tout ce qui la gêne : sus aux barrières intérieures, plus de pertes de temps, plus de vexations inutiles.

Les recettes d'octroi doivent être remplacées par d'autres taxes plus équitables et nous désirons ne pas nous lancer dans les aventures.

L'octroi est légitime au point de vue des populations urbaines et nous demandons que la question ne soit pas résolue dans un sens opposé à l'intérêt des villes.

Son produit s'emploie sur les lieux mêmes au plus grand avantage de ceux qui l'ont acquitté.

Il comporte certaines vexations qui ne sont pas comparables aux contraintes et aux saisies infligées aux contribuables pour le paiement de l'impôt direct et indirect.

Il n'est pas du reste interdit d'améliorer la perception et de procéder à une refonte des règlements et tarifs en vigueur.

Pas plus que la fraude sur les produits alimentaires, l'octroi ne restreint la consommation qui est toujours plus grande dans les villes.

Un prélèvement sur le budget de l'Etat en faveur des villes soumises à l'octroi serait injuste, car il est contraire à l'équité de demander à l'Etat de faire abandon d'une partie de son budget pour dégrever 1.500 communes qui ont librement établi un octroi, au préjudice de 35.000 communes qui n'en ont pas. Du reste la situation des finances de notre pays ne permettrait pas ce sacrifice.

L'octroi est le principal impôt dont les communes soient maîtresses et le recours à l'Etat rendrait celui-ci maître et dispensateur des budgets municipaux.

L'octroi n'est pas du reste cause de tous les méfaits ; le blé n'a jamais été frappé par l'octroi et cependant il n'est aucune denrée plus utile dont la vente soit plus difficile.

Le vin est surtaxé, et cependant sa consommation est plus importante dans les villes que dans les campagnes et la population des villes augmente toujours au détriment de celle des campagnes.

Ce qui aggrave les droits d'octroi, ce sont les droits d'entrée.

Le renchérissement des produits soumis à l'octroi est peu appréciable et d'ailleurs, si ce genre d'impôt devait être écarté pour ce motif, il faudrait supprimer toutes les contributions, puisqu'on n'en sait concevoir aucune qui n'ait pour résultat, suivant les circonstances, de grever pour le consommateur le prix des choses utilisables ou de restreindre pour le producteur la rémunération de ses peines, risques et avances.

Le reproche adressé à l'octroi peut s'adresser à l'impôt sur le sol qui augmente le prix des denrées et à l'impôt sur les maisons qui augmente par répercussion le prix des loyers.

Nous avons démontré que l'octroi n'était pas plus vexatoire que les autres impôts et qu'il était supporté par tout le monde, plutôt par la classe aisée que par la classe peu aisée, et que cette dernière y trouvait de larges compensations ;

Que la perception des droits d'octroi n'était pas plus onéreuse à Paris que celle des autres impôts et que l'octroi pouvait à juste titre s'appeler octroi de bienfaisance et d'instruction publique ;

Qu'il avait en outre l'avantage d'être insensible, de se percevoir facilement et de faire payer dans une proportion très appréciable par les visiteurs et par les étrangers les charges que nous impose la ville de Paris ;

Que les taxes de remplacement proposées étaient plus ou moins fantaisistes et visaient surtout la propriété bâtie ;

Que les centimes additionnels aux quatre contributions directes dépassaient déjà la mesure et étaient supérieurs au principal ;

Qu'il importait peu au propriétaire d'être ruiné par l'impôt sur le revenu ou par l'impôt sur le capital ;

Que l'un ou l'autre de ces deux impôts aboutissait à la confiscation de 26,67 0/0 du revenu net pour payer le remplacement de l'octroi, indépendamment des 7,33 0/0 d'impôts payés actuellement ;

Que les 3/4 des immeubles, étant loués par baux, la répercussion serait impossible et que les propriétaires se trouveraient complétement spoliés s'ils étaient endettés :

Que le loyer était la plus lourde charge de l'ouvrier parisien et qu'il serait encore augmenté ;

Que cette suppression entraînerait également la ruine de l'industrie du bâtiment.

En conséquence, nous demandons le maintien de l'octroi à Paris.

Léopold MOURGUES

Ancien notaire,

Directeur de la Chambre Syndicale

des Propriétés immobilières

de la ville de Paris.

15.630. — Lyon, Imp. du Salut Public, 71, rue Molière.